力尽き美容

田中愛

光文社

はじめに

みなさん、仕事に家事に育児、毎日本当にお疲れさまです。
疲れて、化粧を落とす気力すらなく就寝。今、肌のことをちゃんとしておかないと数年後に地獄を見るとわかってはいるものの、毎日を生きるので精一杯……。そんなお気持ちでこの本を手に取ってくださったのではないかと思います。
私自身、3人の子育てをしており、家事・育児・仕事に追われ、毎日力尽きていることが多いです。
そんななかでも、「いかにラクしてきれいでいられるか？」「疲れているように見せないか？」を私なりに考えて日々実践しています。今回は、同じ悩みを持つみなさんのためになるのであれば！と思い、この本を製作しました。美容家という立場から、少しでもみなさんの“きれい”をお手伝いさせていただければと思っています。
本書は、その日に残った体力量に合わせてカテゴリー分けをし、スキンケアからマッサージ、メイクアップ法までさまざまな美容法を掲載しています。忙しくても、手軽にチャレンジできる“これならできるかも？”なテクニックばかりを詰め込んでいるのでご安心くださいね。
美容は積み重ねといいますが、何もできない日がたまにあっても大丈夫です。忙しいときは最低限にとどめ、できるときにがんばればいい。そんな気楽な心持ちでトライしてみてください。
本書が毎日をがんばるみなさんの“美容の味方”になれれば、幸いです。

美容家　田中愛

力尽きたときの この本の

あなたの今のHPは?

5%

あるかないか……

・洗面台にすら向かえない
・今すぐベッドにダイブしたい
・深夜残業でヘトヘト
・むしろ徹夜……

→ PART 1 へ。

最低限美容を済ませたら
さっさと寝よう

20%

くらいしかない……

・シャワーはギリ浴びられそう
・メイクはなんとか落とせた
・スキンケアめんどうだな……
・ちょっとだけでも疲れを癒やしたい

→ PART 2 へ。

シャワーを浴びたら
テレビでも見よう

活用法

今、あなたの体力（HP）はどのくらい？
くったくたに疲れたときほど頼れるのがこの本。
無理のない範囲できれいを目指しましょう！

60%
ほど残っている！

・ちょっとだけ早く帰れる！
・湯船に入れそうな余裕がある
・今日は肌も体もいたわりたい
・明日に疲れを残したくない

→ PART 3 へ。

ズボラ流の肌&体ケア！で
明日のきれいを作ろう

80% 以上！
まだまだ今日は元気

・待ちに待ったお休みの日だ♪
・週末、ゆっくり過ごせる時間がある
・「きれいになりたい」欲が出てきた
・いつも以上にリラックスした〜い

→ 番外編 へ。

ズボラ負債を一括返済！
もっときれいな私に！

ズボラの極意12

① 1日くらいケアできなくても気にしない

たまに何もできない日があっても大丈夫。自分を責めずに「そんな日もあるさ！」と切り替えましょう。美容にはポジティブな気持ちも必要。

② できるときだけ手をかける！　美容はメリハリ

過度なケアが悪い方向に作用することもあります。時間と余裕のある日だけ目一杯手をかけ、「HPが少ない日は最低限」と割り切ることも大切。

③ お金をかけるなら保湿クリームに

肌にとどまりづらい化粧水よりも、長時間とどまる保湿クリームにこそ、お金をかけるべき。クリームだけ塗る応急処置でも効果抜群。

④ 何かをたっぷり塗ってみる

乾燥を防ぐため何かしらのアイテムをたっぷりと肌に塗る。これだけで翌朝のモチモチ感が変わります。“ひとまず乾燥を防ぐ”のもズボラの極意。

⑤ オールインワンは神

持っておいて損がないアイテム。自分の肌と相性のいい“マイオールインワン”をひとつ持っておけば、忙しい日も塗るだけでOK。

⑥ エイジングケアはふとしたとき“ながら”で

あえてやろうとするとハードルが上がってしまうエイジングケアも“ながら”ならできる！　気づいたときにやることで未来の美を保証します。

7 ドラッグストア製品を侮ることなかれ！

デパコスだけが絶対的にいいわけではなく、ドラッグストアにも良質なものがたくさん。肌との相性を見ながら積極的に取り入れましょう。

8 “散らかし美容”を実践する

力尽きそうな場所やトイレなど目につきやすい場所に先回りして美容グッズを置く、“散らかし美容”。いざというときにすぐ手に取れる工夫を！

9 ベーシックなコスメは応用が利く

手持ちコスメを見直すとメイクの幅が広がります。ブラウン系アイシャドウはアイブロウに。ピンク系リップはチークになるなど活躍します。

10 トレンドメイクはプチプラ＆付録で！

流行アイテムは手軽に調達、気軽にトライ。侮れないのは雑誌の付録。流行モノがタイムリーに手に入るのでそれだけで即、旬顔に！

11 疲れはこまめに取っておくとラクちん

日々溜まっていく疲れは、都度取っていくのが賢いサバイブ方法。“ながら”でできるマッサージやストレッチなどを実践してみましょう。

12 とりあえず睡眠を大切にする

体力皆無のとき何を優先する？　と聞かれれば「睡眠」と答えます。睡眠に勝る美容法なし。どうしようもない日は“とりあえず眠る”を優先に。

というか、**できない日には無理しない!!!**

Contents

「残りの体力（HP）を選んでください」

10 残りのHP 5% → PART 1 洗面台に向かう気力もないときの美容法

40 残りのHP 20% → PART 2 シャワーに入る気力が残っている日の美容法

PART 1

残りのHP

5%

一

洗面台に向かう気力もないときの美容法

もう無理！　倒れそう！　となったとき
ここを押さえとけばなんとかなる！　の
ギリギリ美容法をお伝えします。

ベッドにダイブ……
のその前に

とろみ乳液
コットンオフで
寝る前応急処置

「もう無理今日は倒れる……」というレベルで疲れたとき、
取り急ぎの処置だけど、何もしないで寝るより全然マシ！
乳液コットンの簡単メイクオフと保湿でとりあえず今夜を乗り切って。

たっぷり乳液で とりあえず保湿

用意するものはとろみのあるタイプの乳液とやわらかめのコットン。乳液をコットンにしみ込ませたらメイクの上からトントントンと滑らせ簡単メイクオフを。寝ている間に肌が乾かないよう乳液の保湿効果も味方につけて今夜を乗り切りましょう。

力尽きがちな場所へ 乳液セットを用意しておく

ベッドやソファ脇などに乳液とコットンを置いておくと万が一力尽きたときも安心。寝転びながらでもコットンオフは可能です。メイクを落とさず寝てしまうと汚れが毛穴に詰まり、肌ダニ発生の原因にもなりかねません。

TIPS

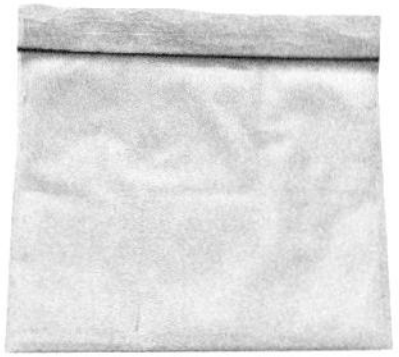

保存袋に１週間分の作り置き

清潔な保存袋にコットンと乳液を入れ、冷蔵庫で保存しておけば乳液をコットンにつける手間が省けます。直接手を入れると雑菌が発生するので清潔なピンセットや割り箸などでつまんで取り出しましょう。１週間を目安に早めに使い切って。

☞ 翌朝汚れをしっかり落とす

POINT 1 顔の外側をしっかり洗う意識を

前夜に乳液コットンオフした朝は、まずは水洗顔を1回。その後汚れが強い部分に泡をのせ、汚れをある程度浮かせてから洗顔すると効果的です。洗顔中はどうしても顔の中央ばかりを洗ってしまうもの。自分では全体を洗っているつもりでも顔の外側はないがしろにしがちです。汚れをしっかり落とすためにはなるべく耳周りやフェイスラインなど顔の外側を洗う意識を持つことが大切です。

POINT 2 水圧が弱ければシャワー流し推奨！

一度は耳にしたことがある“シャワーを顔に当てちゃダメ神話”。じつは、昔のシャワーは水圧がとても強く、肌へのダメージが心配されていたためこう言われるようになったようです。しかし、現在の進化を遂げたシャワーはお湯の出方を調整できるものも多く、弱い水圧であれば肌に直接当ててもOK。逆に手でお湯をすくってゴシゴシ洗顔すると摩擦が起こり、シワの原因になることもあります。

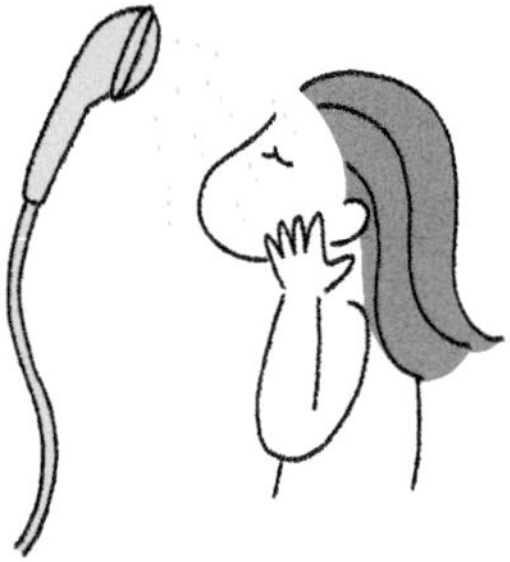

ためのポイント4

とろみ乳液コットンオフの翌日は入念な洗顔で顔に残った汚れをしっかり落としましょう。

POINT 3 流し順をあらかじめ決めておく

シャワーで洗顔料を流すときに注意したいのはやはり顔の外側の洗い残し。顔の中央にだけシャワーを当てると顔の周りは水が飛び散り十分に流れない残念な状態になってしまいます。洗い残しがあるとニキビの原因にもなりかねません。汚れが強い小鼻や目元を先に流し、その後おでこ、耳前、あご……などと流し順を事前に決めておくとストレスフリーに流せて、洗い残しの心配もありません。

POINT 4 必ず冷たい水でフィニッシュしよう

洗顔終わりは冷たい水で顔をばしゃばしゃっと洗い、毛穴を引き締めましょう。これだけで毛穴が引き締まり、肌に水分が閉じ込められて、角質のキメが整います。まさに美肌に一歩近づくひと手間。これだけで朝のメイクのりもよくなるのでやっておいて損はないでしょう。冷たい水が苦手でしたら、スプレータイプのミスト化粧水をシューッと吹きかけるだけでもOKです。

毎朝洗顔
しなくていい！

朝の洗顔飛ばしてOK!
乾燥肌は
さっとぬるま湯、
オイリー肌は脂をオフ!

「毎朝、顔を洗わなければいけないのに今日もできなかった……」
そんな罪悪感、今すぐ取っ払っちゃってOK！
毎朝洗顔することによるマイナス点にもご注意を。

乾燥肌はぬるま湯で優しく洗うにとどめる

年を重ねるごとに「うるおいをいかに残しながらケアをしていくか」が重要になっていきます。肌質に限らずがっつり泡洗顔をしすぎるとシワや乾燥、たるみの原因にも。乾燥肌の方は無駄にうるおいを持っていかれないようにぬるま湯で洗うのがベスト。その後乳液などで保湿すると乾燥しにくくなります。

オイリー肌はミスト化粧水でさっと拭き取るだけ！

オイリー肌の方は夜寝ている間に出た皮脂によって布団の繊維がつくなど、顔に汚れが付着しやすいのが難点。汚れを取り、清潔にするところから始めます。拭き取り化粧水でもウォーターミスト化粧水でもOK。大事なのは、肌に水分を含ませて汚れを取るとともにキメを整え、うるおいを残すことです。

「毎朝洗顔絶対主義」の呪縛から解き放たれましょう！

スキンケアが
めんどうなときは

保湿クリームの
2倍塗りで
一晩乗り切る

化粧水に美容液、オイルに、保湿クリーム……。
スキンケアラインのフル展開がうっとうしい夜は
保湿クリームの力を存分に借りてみましょう。

ベタベタになるまでとにかく塗っとく！

スキンケアがめんどうな夜、力尽きる前に何かひとつだけ使うなら……？答えは保湿クリーム。クリームはドラッグストアに売っている大容量タイプを惜しげもなく使うのがおすすめ。水分がたっぷり入っているものが好ましいです。時間や気力がないとき、何よりも大切にしたいのは“保湿力”。水分を保つことで肌にハリが出て将来のシワ予防に。また、保湿することで肌のターンオーバーも正常になって顔のトーンが明るくなります。

今日、メイクを落としただけですでにえらい！
たっぷりクリームのテッカテカ顔でベッドへGO！

もうダメだレベル
で疲れたら……

テレビを見ながら目頭と生え際を指で押す

一度座ったらもう動けない。体が鉛のように重くてつらい。
そんなとき、座ったままでもできるこのストレッチをすれば
まるでマッサージ店に行ったかのようなリラックス気分に。

小指でソフトタッチ 目頭をグイグイ

小指で目頭を優しく押していきます。すると目の周りにある瞬きをするための筋肉「眼輪筋《がんりんきん》」が刺激され、目の血行が良好に。疲れも和らぎ、目が見えやすくなります。指は大きくなるほど力が入りやすくなるので、小指もしくは薬指で。ぐったりしててもこのぐらいならできるはず。毎晩10秒×2セットが効果的。

テレビを見ながら 悩む人ポーズ

机などに肘をつき、生え際やこめかみ付近に手を置いた“悩む人ポーズ”を取っていることはありませんか？　どうせならそのままマッサージを。このあたりは神経やリンパをはじめツボが集まっている場所なので、押すだけで目の疲れが和らぎ、肩こりやクマの解消、めまいやむくみにも効果があります。

ボーッとしながらでもテレビを見ながらでもOk
ハードル低めなところが嬉しい！

☞ ぐっすり安眠が一番の美容

乾燥を防ぐ！ 口が開かないマスク

1

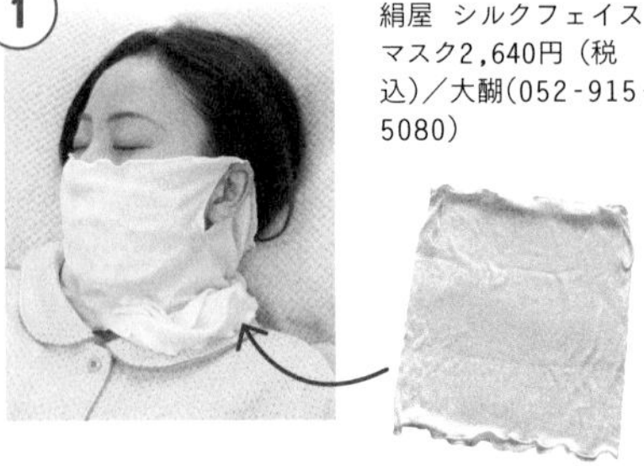

絹屋 シルクフェイスマスク2,640円（税込）／大醐(052-915-5080）

一般的なマスクのような圧迫感なしに眠れる絹のマスク。一般的なマスクはつけたまま眠ると耳が痛くなったり跡がついてしまったりしますが、薄手で耳にかけるタイプのものを選べば、つけ心地よく、安眠へと誘われます。口元はもちろん、首元の乾燥も防げるため喉と肌のうるおいを保つ効果も。口呼吸対策にももってこいで、口内の乾燥を防ぎます。虫歯になりたくない方にもおすすめ。

最新アイマスクで強制的暗闇モードに

どっと疲れた日こそ、即刻深い眠りに落ちたい……。そんな願いを叶えるために最新アイマスクを頼ってみてもいいかもしれません。顔周りに無理なくフィットし、光を遮断。瞬時に暗闇へと誘われるので、すぐ安眠モードへ入れます。忙しくてエステに行く時間がないという方もこれさえあれば自宅がリラックスエステに早変わり。じんわりと温かくなるホットアイマスクなどもおすすめです。

3

MYTREX eye+ ホットアイマスク（コードレスタイプ）7,568円（税込）／創通メディカル（092-260-7366）

法である

世間にはさまざまな美容法が溢れていますが、じつは一番の美容法は、良質な睡眠と十分な睡眠時間。どんなに疲れていてもぐっすりと眠れる秘訣、こっそり教えちゃいます。

真っ暗な部屋がリラックスへの近道

2

安眠のためには、ただ睡眠時間を確保すればいいというわけではありません。忙しいときこそ“睡眠の質”を気にするべき。手っ取り早く質の高い睡眠を確保するために有効なのは、部屋を真っ暗にすることです。目に光の刺激が入ってこないだけで体がリラックスモードになり、疲れが取れやすくなったり、眠りが深くなるのです。アイマスクを使って強制的に暗い空間を作っても◎。

寝る前のストレッチで良睡眠が叶う

眠る前の、激しすぎない“適度な運動”はよい睡眠を作り出します。首を左右前後に傾けたり、ペターッと前屈をしたり、頭を強く押してぱっと離すだけでも効果あり。「疲れているな～」という部分をあえて刺激し、痛みを逃すことによってリラックスすることができます。力尽きているときこそ、パジャマに着替えたらちょこっとストレッチをする。この行動だけで明日に疲れが残りにくくなります。

4

⑤

寝る前のホットミルクでぐっすり快眠

ホットミルクを飲んで、体を温めるのもよい眠りへの近道。飲めば、体の芯からポカポカしてくるため、心地よく眠れます。温めた牛乳にはちみつなどを入れるのは鉄板ですが、シナモンパウダーを振りかけると香りの効果で気分もほっとします。血行がよくなり冷え対策にも。また、白湯《さゆ》にレモン汁を数滴垂らすのもおすすめ。寝る前なのでカフェインを含むものを飲むのはNGです。

⑥

癒やしのもこもこグッズに囲まれて眠る

昨今、パジャマやブランケット、レッグウォーマーなどさまざまなもこもこグッズがありますが、もこもこグッズこそ良睡眠の友！やわらかいものに触るだけで人間は癒やされ、ストレスが軽減されるといわれています。足首や首だけでもつけると冷え対策にもなるためパーツごとに取り入れてみても◎。肌触りのいい抱き枕やぬいぐるみなどを抱きしめるだけでも効果はあります。

⑦

バタンキューを予期して力尽きグッズを常備！

ソファやベッドなど自分が倒れ込みやすい場所にあらかじめ安眠グッズを準備しておくといざというときも安心です。ここでご紹介したアイマスクやもこもこグッズなどを置いておけば、帰宅後バタンキューした状態でもすぐに眠りにつくことができます。力尽きてしまっているときは準備することすら億劫になってしまうはず。だからこそ、事前に自分が眠りやすい環境を作っておくことが大切です。

⑧

できるときには仮眠を上手に利用しよう

仕事や育児などでまとまった睡眠が取れていない方が多いかもしれません。育児中だと授乳や夜泣きなどで、夜ぐっすり眠ることは難しい。となるとできるときには質の高い仮眠をすることも大切になります。たったの30分でも眠ることができれば、またがんばろうという気持ちになれるはず。ソファなどでも構わないのでこれまで紹介してきた安眠方法を上手に使い、仮眠をうまく取り入れましょう。

だらつきながら
できる！

ゴキブリ体操 In ベッドは 効果テキメン

体操とかストレッチとかをやったほうがいいとは
わかってはいるものの、疲れすぎていてやる気はいつもゼロ……。
でも、ゴキブリ体操くらい簡単なら私でもできちゃうかも!?

力尽きてしまった そのままの体勢でいい

疲労でコチコチに凝り固まった体をほぐすのに最適なゴキブリ体操は末端の血液を心臓に戻すのにうってつけ。体に滞った疲労物質は血流に乗って流れるため疲労回復も期待できます。手足をぶらぶらさせずに上げているだけでもOK。ベッドの上のだらだら時間を手足のぶらぶら時間に変えてみましょう。

骨盤を上げると 美尻効果も！

寝っ転がった姿勢のまま、お尻をぐぐぐっと上げてみましょう。骨盤をくいっと上げるイメージで行うとお尻のリフトアップ効果大です。テニスボールをお尻の間にはさむとより負荷がかかるのでレベルアップしたい方はぜひチャレンジを。また、この状態のまま片足を上げるなどしてみてもいいでしょう。

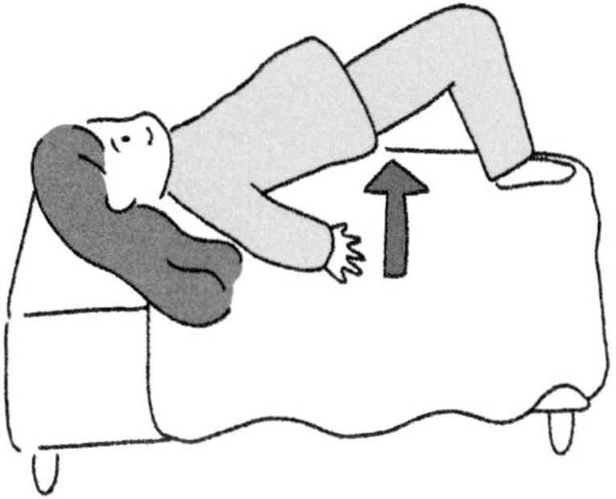

まずはそれぞれ10秒3セットを目安に。
だらだらやるだけで明日の朝の目覚めが違う！

ケアなんてひとつも
できない日は……

ワセリン、全身へ一気塗りが最強です！

顔はおろか体や髪のケアすらめんどうだと思っているあなた……。
さあ今すぐワセリンを買うのです……。しっとりして落ち着くし
頭から足の先まで使えます……。ワセリンは最強なのです……。

髪もボディもこれひとつ最強保湿アイテム

顔にも体にも髪にも全身いけちゃうワセリンは、ケアする時間も気力もないときのスーパーお助けアイテム。お風呂上がり、カサつきや乾燥が気になる部分にバーッとつける。これだけです。手についた残りのワセリンは髪にそのままつけると髪の保湿もできて一石二鳥！　寝るときにベッドにワセリンがつくのが気になる方は、薄手のタオルケットや洗えるバスタオルなどを敷いておくと、清潔を保てます。

もちろんドラッグストアで購入できるタイプでOK!
ワセリン、バンザイ!

5%メイク

素肌を活かす抜け感

＼使ったアイテムはこちら／

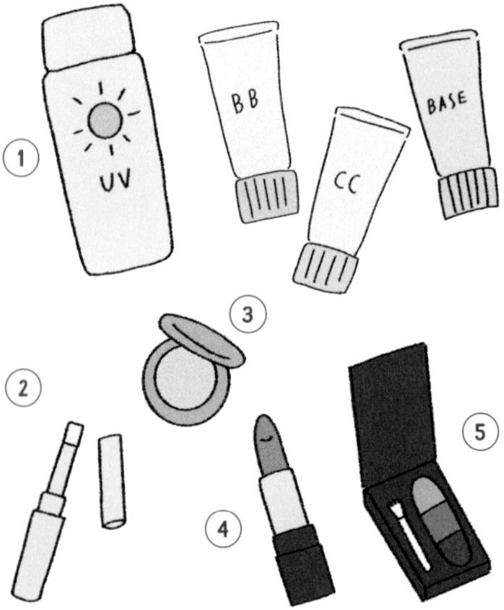

化粧を落とせない……
乳液オフ前提!!

体力限界で迎えた朝……。あと10分長く眠るためにも今日はメイクを手抜きしたい……！　そんな日におすすめなのが5％の抜け感メイク。手早くできるのに今っぽい抜け感も備えているのが嬉しいところです。また、12ページでご紹介したコットン乳液でのメイクオフを前提としているので「今日はちゃんと化粧落とせなさそう……」というときにも活躍してくれます。

① 日焼け止め・下地・BB・CCクリームなど何でも塗ればOK
② コンシーラー
③ ピンク系アイシャドウ
④ 発色のいいリップ
⑤ パウダーアイブロウ

メイク

「メイクしてないんじゃない、これは抜け感なんだ……！」
手抜きに見えない、“素肌感”を逆手に取る5%メイク。

プロセスは次のページ →

5%メイク HOW TO MAKE POINT

ベースメイク —とりあえず何か塗って日焼けを防止—

日焼け止めでもBB・CCクリームでも下地でも何でもいいので、まずはとにかく塗ること。最低限、肌を整え、肌を保護することが目的です。肌のトーンがきれいに見えるようなスタメンクリームを1本見つけておくと◎。

POINT

顔の内側から外側へのばしていくように塗るのが基本。顔の中心がヨレていなければ疲れて見えません。目元は重点的に。

ベースメイク —気になる部分はコンシーラーで隠せ！—

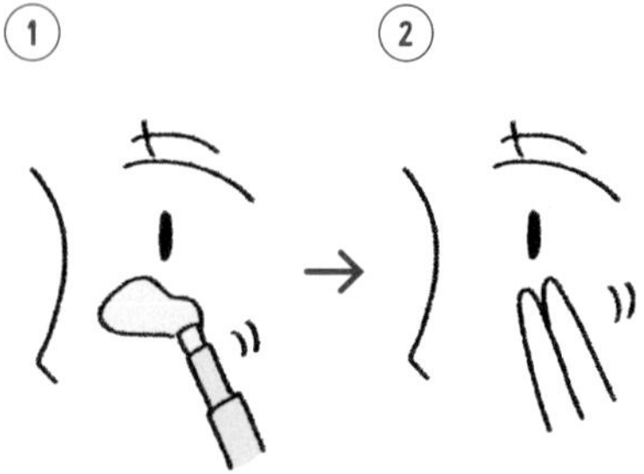

くすみが出やすい目の下、まぶた、口周り、鼻の付け根あたりにコンシーラーをオン。クマやシミを隠すことで疲れ顔見えを回避します。のばしすぎると隠れるものも隠れなくなってしまうので“たたいてのばす”が鉄則。

POINT

①気になるところにコンシーラーをのせます。②中指や薬指でトントンとたたきながらのばし、なじませます。

口元 ―血色をよく見せるツヤのあるルージュ系を―

５％メイクの中でも、絶対に外してほしくないのがリップ。全体のメイクが薄くても口元に血色があるだけで元気な顔に見えるのです。ルージュの中でもツヤやうるおいがあるタイプで発色のいいものをつけてみて。

POINT

グロスを足し、うるおい感をアップさせても◎。マット系リップは疲れた感じが強調されてしまうので避けたいところです。

目元 ―ピンク系シャドウで垢抜ける―

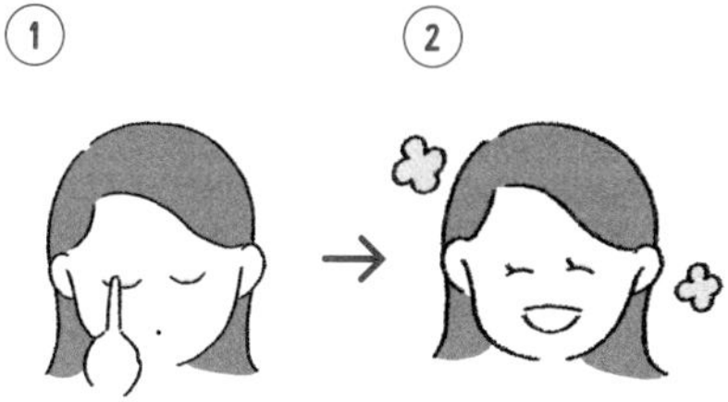

ベーシックなベージュやブラウン系をつけるのではなく、あえてピンク系のシャドウをのせるのが“抜け感”をアップさせる秘密。明るさが出て、肌なじみもいいので単色でもおしゃれに見えます。

POINT

①適量を指に取り、アイホールにのせます。
②付属のチップよりも指で塗ると、より自然になじみます。

徹夜明けなのに
シャワーも浴びれない！

ハンドサニタイザーを気になる部分につけて即効ニオイ消し

殺菌や除菌だけではない、ハンドサニタイザーのポテンシャル。
靴を脱いでふと臭ったとき、寝汗をかきまくった朝にも活躍！
かばんにひとつは入れておきたいアイテムのご紹介です。

頭にも髪にもワキにも シュッとひと吹き

どの家庭にもあるアルコール入りのハンドサニタイザー。体や頭皮のニオイが気になる部分につけるとあらふしぎ！　エタノールの作用でニオイがなくなります。スーッとした爽快感もあり、気分もさっぱり。ベタつかず、すぐにさらっとするうえ、透明なので見た目も気になりません。ジェルタイプでも除菌アルコールシートでも同様の効果があります。傷や粘膜は避け、腕の内側などで赤みやかゆみが出ないかチェックしてから使って。

TIPS

海外旅行中の トランジットでも使える

トランジット中、注射や治療などでお風呂に入れない日、緊張で汗だくになったときなどニオイが気になるシーンは多様。そんなときサニタイザーを常備しておくとあらゆる場所で活躍してくれます。髪の毛を洗えない気持ち悪さともオサラバ！

なんだか今日は
顔垂れてない？

まるで魔法!?
即効果アリの
半日顔リフトアップ

飲みすぎた日の翌朝、寝すぎた朝など顔のむくみは突然やってきます。
フェイスラインのたるみも顔のむくみもこのマッサージが
一瞬で解決。ただし、“半日限定”ということをお忘れなく。

押して上げる！
これだけで半日もつ

まず顔の下半分のフェイスラインに沿って手を置き、こめかみに向かってなでるようにマッサージ。その後、頬の部分、顔の上半分からもこめかみに向かって手でなでていきます。こめかみには老廃物のゴミ箱があるため、むくみの原因である老廃物を大集合させるのです。顔をなでながら表情筋を刺激し、リンパを流すことによって小顔が実現。これだけで顔がリフトアップされ、半日程度は効果を持続させることができます。

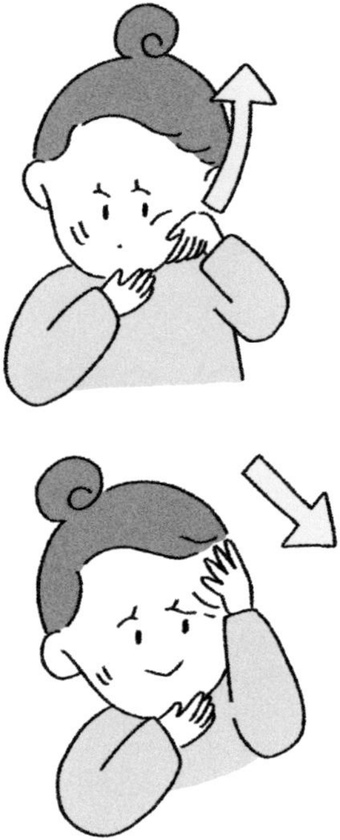

重要な仕事のプレゼン前やデート前など
こっそりリフトアップして、小顔美人に！

Column 1

一発逆転

がけっぷちお助け美容

目の腫れやひどいクマがあるのに人に会う予定が……。そんな

CASE 1

泣き腫らして目がパンパン！10分でいつも通りに戻す方法

ANSWER

スプーンで血行促進！目の腫れをなかったことに

目に水分が溜まってむくんでいるので血の巡りをよくすることが先決です。手軽なのは冷やしたスプーンを当てること。これだけでだいぶ腫れは引きます。もしくは、濡れたタオルやガーゼを巻いた保冷剤でキンキンに目を冷やした後、お湯で温めるとスッキリ目元に。

レスキュー隊！ 目元のトラブル編

嘆きの状況を解決します。

CASE 2

夜ふかししすぎて黒クマ出現！メイクのりも復活させたい……

ANSWER

クマは冷やすよりも温めることが先決！

クマをなくすためにも血行促進が大切。溜まった老廃物を流したいので、温めるだけにとどめましょう。ホットタオルでもいいですし、化粧水や乳液をしみ込ませて電子レンジで40度ぐらいに温めたホットコットンを目元に置いても。やけどには十分気をつけましょう。

PART 2

残りのHP

20%

シャワーに入る気力が残っている日の美容法

疲れた体を引きずり、
がんばってお風呂場に向かった今日。
ちょっとズボラな美容法でラクしませんか？

湯船派の
あなたへ…！

湯はぜんぶ ためないでいい！ 半分風呂のススメ

湯船に入らないとなんだかよく眠れない……。
そんなあなたにおすすめしたいのは半身浴ならぬ“半分風呂”。
ぜんぶためなくていい分、ちょっとだけ気がラクになるはず！

大切なのは下半身を温めること

シャワーよりもお湯に浸かることを優先したい、湯船派のみなさん。まず、お湯をぜんぶためなければいけないという呪縛から解き放たれましょう。ぬるめのお湯にゆっくり浸かる半身浴ではなく、“半分風呂”は、あくまでも下半身を温めることが目的です。10分程度の短時間でも腰の高さくらいまでお湯に浸かることができれば体の芯から温まり、ぐっすり眠りにつくことができるはず。体を洗っている間にお湯をためれば、スキマ時間も有効活用することができます。

めんどうだったら、桶にお湯をためて
足を浸けているだけでも疲れは取れますよ！

お風呂気分を
味わって！

レンチン10秒
気になる部分に
ホットタオル

丸一日を戦った体は容赦なく汚れていますが、
風呂に入る余力はもう残っていない……。そんなあなたは今夜、
電子レンジのある時代に生まれて心からよかったと思うでしょう。

ある程度拭ければ スッキリできる！

お風呂に入ったら髪を乾かしたり、体を拭いたり何かと手間が増えてめんどう！　という方。今夜はホットタオルで済ませて0Kです。まずタオルを濡らしてレンジで10秒ほどチン。やけどに気をつけながらワキや足先、デリケートゾーンなどニオイが気になる部分を拭くだけです。余力があったら、自分の好きなアロマを一滴タオルに垂らしてからチンすると癒やしの香りを放つホットタオルのできあがり。心もリラックスできます。

頭にホットタオルをのせておくだけでも頭皮の嫌なニオイが取れてさっぱり！

シャワーを浴びた
自分をほめたい

シャワーを浴びたら固形石けんで全身洗いを許す！

石けんを泡立てたら頭から足先までガーッと洗う。これだけ。
シャンプー容器のポンプを押す手間も省けてラッキーです。
それにしても今夜シャワーを浴びようと思ったあなたはえらい！

じつは万能な固形石けん

髪はシャンプー・トリートメント、体はボディソープ、顔はクレンジングや洗顔料……と部位ごとに何種類も使い分けるのは正直めんどう。そんなときこそ、おすすめしたいのは固形石けんでの全身洗い。じつは体から出る皮脂は、分泌量こそ違いますが、部位関係なく同じ物質。したがって、同じ固形石けんで全身を洗っても何も問題がないのです。髪・顔・体と同じ石けんの泡で洗えば手早くシャワーを済ませることができます。

固形石けんはシンプル原料がおすすめ。
洗い心地や香りにこだわって選んでみて。

メイク を落として
力尽きたら

しっとりうるおう
水分多め乳液を
ホールディング塗り

乳液オンリーでも、しっかり塗れば緊急ケアに。
洗面台に置いておけば「あ～今日も疲れた～」と言ってる間に
手早く塗ってスキンケアを完了できます。

安くてもいい乳液はたくさんある

1本は持っておきたい高保湿系の乳液。力尽きそうなときは、これをたっぷり顔につけ、手でしっかり3～5分ホールディング。ベッドに横たわったままでもできるはず。これだけで明日の朝のメイクのりは違ってきます。おすすめは罪悪感なしにじゃんじゃんたっぷり使えるタイプです。決して高価なものがいいというわけではなく、プチプラでも良質なものはたくさんあります。使い心地重視でいくつか試し、お気に入りのものを見つけてみましょう。

美容家・田中愛のおすすめ乳液

モイストリファイン 乳液Ⅱしっとり（30mℓ）1,540円（税込）／ファンケル（0120-35-2222）

乳液・敏感肌用・しっとりタイプ（200mℓ）580円（税込）／無印良品 銀座（03-3538-1311）

TIPS

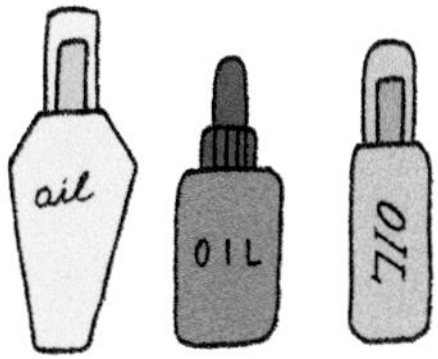

乾燥が気になるタイプの方はオイルを

乾燥肌タイプの方は乳液をはさまず、クレンジング後すぐに直接オイルをつけて0K。肌の油分が足りていないところをオイルで補います。アルガンオイルやホホバオイルなど保湿性に優れたものを選ぶとよいです。

余すことなく
使い倒せ！

使い終わったシートパックは足先にのせて保湿

普段なかなかケアできない部分こそ、乾燥しがちな部分。
シートパックの亡骸をのせるだけでもボディケアは可能です。
パックを捨てる前の新習慣として定着させてみては？

すぐ捨てるなんてもったいない！

昨今、化粧水代わりに毎日使えるプチプラパックなどの登場で、シートパックを使うことがグッと身近になったのではないでしょうか。でも、顔につけた後そのまま捨てるなんてもったいない！　せっかくパックしたのならそのまま足先や手の甲、ひざの上にのせてケアしちゃいましょう。また、使い終わったパック容器の中には清潔なコットンを入れておくと、残った液を吸収。翌朝即席のコットンパックとして再利用できますよ。

特に年齢が見えやすい手の甲は、
こんなときこそケアする大チャンス！

今日もボディケア
がめんどくさい！

濡れた体に直スプレーオールインワンでふたして完了！

めんどくささゼロ、最速でボディケアを済ませられる美容法。
簡単に全身保湿ができるだけではなく、
塗りながら体を触っているだけでストレス緩和にも効果あり。

最もラクをして全身保湿ができる

お風呂上がりの体をバスタオルで拭く前にまずはミスト系化粧水をシュー。毛穴が開いているので水分が入っていきやすいのです。そして、オールインワンアイテムをたっぷり塗って毛穴にふたをしてからタオルで軽く拭けば完成です。体が濡れている状態でオールインワンアイテムを塗ると、少量でものびがいいためコスパも◎。ベタつきやすい夏場は水分多めのもの、乾燥しやすい冬はこっくりしたものと使い分けるのがおすすめです。

プチプラのオールインワンなら
体にたっぷり使っても罪悪感なし！

なでるだけ
だから簡単

体の中心に向かって老廃物を集めるリンパマッサージ

力を入れずに簡単にできるやさしいリンパマッサージは
服の上からやっても、もちろん効果があります。
なでるだけで体をいたわれるのなら疲れた夜でもできそう！

膀胱《ぼうこう》に全身の老廃物を集合させて

リンパ管は血管の隣を流れる全身に張り巡らされている管のこと。そこを流れるリンパ液の流れをよくし、体に老廃物を溜めないことが疲労回復や体のむくみ改善につながります。最も手っ取り早いのは、リンパのゴミ箱がある膀胱付近に向かって全身を触ること。力を入れず体をなでるだけでも老廃物が流れていくので十分効果があります。力尽きた夜、ベッドの上で寝転びながらやっても椅子に座りながらやってももちろんOKです。

52ページのオールインワンを塗りながら
リンパマッサージをすれば一石二鳥！

てっとり早く
小顔になれる

ふとしたときに舌をまあるく動かす

舌を使ったエクササイズ、じつは効果がすぐに現れます。
人前に出なければならないときや好きな人とのデート前、
１分間やるだけでも、口角が上がって素敵な笑顔に！

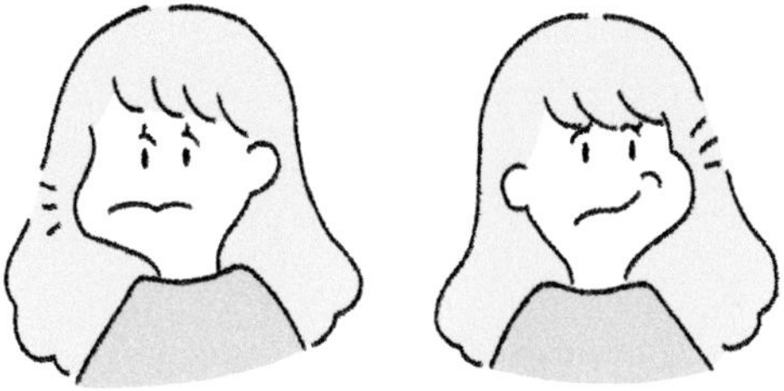

口輪筋を舌でなぞって刺激

口を閉じた状態で歯茎をなぞるように舌をぐるりと動かす。これだけで口元が引き締まります。口元には口輪筋というドーナッツのように口周りをぐるっと取り囲む筋肉があります。口輪筋が衰えてしまうと、顔がたるみ、口角が下がるなど残念な事態に……。だからこそ口輪筋を刺激することが大切なのです。

口元をぷくりとふくらませよう

怒ったように口元をぷくっとふくらませるのも同様の効果があります。顔のたるみ防止はもちろん、ほうれい線予防にも最適。疲れてボーッとしているときでも口元だけは動かす癖をつけてもいいかもしれません。ただ、これらのエクササイズは人に見せられないような顔になりがちなのでくれぐれも一人で行うように！

マスクの中でこっそり動かせば
誰にもバレずにシェイプアップ！

翌朝のたるみを
抹殺

シャワー中に髪をブラシでとかしておく

少しの余力でトライ可能なのに、とかすだけで気持ちいい！
いつもはシャンプーするだけで精一杯だけど、
今夜は翌朝のためにリフトアップ技を仕込みましょう。

頭皮をブラシで刺激しよう

髪をとかしてきれいにするというよりは、頭皮を刺激することが目的。顔も頭皮も一枚の皮でつながっているため、頭皮を刺激すると顔のリフトアップはもちろん、シワの軽減にもつながります。また、ブラッシングすることで髪の表面の脂が取れ、頭皮のニオイ除去の効果も。使用するブラシは密集しているタイプではなく、ある程度スキマがあるほうが◎。また、ブラシ先が丸いほうが頭皮を傷つけずに刺激することができます。

髪の生え癖に逆らってとかすと
毛穴がほどよく刺激されて気持ちいい!

20% メイク

王道のナチュラル

＼使ったアイテムはこちら／

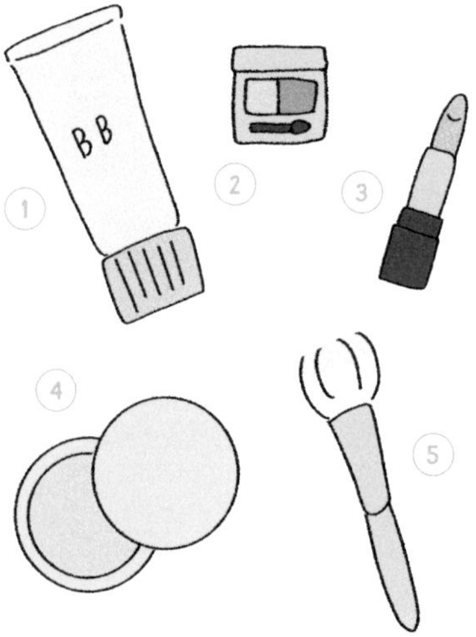

手抜きだけど“やってる感”は満載

時間をかけずに好印象を手に入れられるのがナチュラルなツヤ肌メイクのいいところ。お粉ははたかず、肌のツヤ感を強調。代わりにパウダーチークをオンします。クリームチークでツヤ感をアップしたほうがいいのでは？　と思われるかもしれませんが、発想はその逆。ツヤ肌に対し、一部分をパウダー（マット）にすることで全体の仕上がりを締めていきます。

1. BBクリームやCCクリーム、下地などリキッド系クリーム
2. 濃いめのアイシャドウ（2色タイプだったら塗り重ねても！）
3. ピンクベージュ系リップ
4. パウダーチーク
5. 大きめのブラシ

ツヤ肌メイク

自然なツヤ感があるとおしゃれに見え、きちんとしている感もゲット！

プロセスは
次のページ
→

20%メイク HOW TO MAKE POINT

ベースメイク —リキッド系クリーム1本で済ませる—

BBクリームなどリキッド系クリームを塗り、肌にツヤを残します。まんべんなく塗ってしまうとぼてっとした印象になるので、5点（両頬・鼻の上・おでこ・あご）に絞ってのせ、そこから外側に向かって塗り広げます。

POINT

①BBクリームなどを5点にのせます。②外側に塗り広げていき、目のキワなど細かいところは指でポンポンとタッチ。

目元 —濃いめのアイシャドウをライン代わりに—

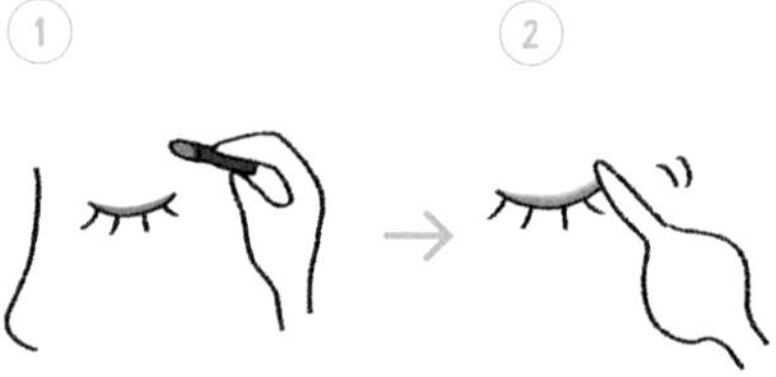

目のキワに引くだけで目ヂカラアップを叶えます。単色でもOKですが、2色シャドウだったら薄い色をその上に重ねるだけでも上等なアイメイクが完成。色によっては、眉パウダーの代わりになるスグレモノも！

POINT

①濃いアイシャドウを目のキワに引きます。付属のチップを使ってもOK。②指でぼかしてなじませます。薄い色を重ねても◎。

口元　―誰にでもなじみやすいピンクベージュ―

シチュエーション問わず、誰にでもなじみやすいピンクベージュのリップは、ナチュラルツヤ肌メイクにぴったりのアイテム。ツヤ肌との相性を考えると、適度にうるおいがあるものを使うとGood！

POINT

日本人の肌にもなじみやすいので「自分にどんなリップが合うのかわからない！」という人にこそ試してほしい色味です。

チーク　―パウダーチークでやわらかさON―

パウダーチークを入れ、やわらかさを加えます。塗る際におすすめしたいのが大きめのブラシ。ひと塗りするだけでふんわりと健康的なチークを入れることができます。時短にもなるので、持っておいて損はないアイテム。

POINT

目頭のあたりからこめかみ付近までをブラシでさっとひと塗り。何度もこすらないのがポイントです。

帰宅後のハア～を
癒やしに

お気に入りの香りグッズを玄関にセット帰宅後即リラックス

嗅ぐだけでリラックスできるのならやらない手はありません。
20ページで紹介した目頭を押すマッサージと組み合わせると
一瞬で至極のリラックス時間ができあがるのでおすすめ！

ため息をリラックスに変えてしまおう！

帰宅後、ドアを開けると同時に「今日も疲れた……」とため息。どうせだったら、そのため息をリフレッシュの時間にしてみませんか？　まずは玄関や洗面所など目のつく場所にアロマやハンドクリームなどお気に入りの香りグッズをセット。ため息が出そうになったら香りグッズの香りを嗅いだり、手洗い後にハンドクリームをつけた手で顔を覆い、思いっきり息を吸ってみましょう。好きな香りを嗅ぐとリラックス気分が高まります。帰宅時だけでなく、出掛ける前の習慣にしても。

会社のデスク周りに香りグッズを常備しておけば、その場でもリラックス可能。

鏡を見たら目が
しょぼしょぼ

一瞬だけ！
目を大きく見せる
リフトアップ

瞬時に解けてしまう目元の魔法はまるでシンデレラ。
たとえ一時の効能でもこの先必ずあなたのピンチを救うでしょう。
一見アイドルの決めポーズのように見えますが侮ることなかれ！

チョキで目をはさむ

疲れ目やむくみ目、しょぼしょぼしている目だと気分も上がらずメイクのりも悪い！　そんなときおすすめしたいのがチョキの手を使ったリフトアップ術。目を大きく見せるためには眼輪筋を刺激し、目の周りのリンパを流すことが先決です。まずは手でチョキを作り、指で目をはさむように当てましょう。

チョキのまま滑らせる

チョキで目をはさんだら、そのままこめかみに向かってチョキの手を滑らせます。こめかみ付近にはリンパのゴミ箱があるため、そこへ目の周りの老廃物を送り込むわけです。これを何度か繰り返していけば、自然と目がぱっちり。気分もスッキリしてきます。ただし効果が感じられるのは数時間のみです。

“一瞬だけ効く”リフトアップ術なので
ここぞというときにどうぞお使いください。

Column 2

一発逆転

がけっぷちお助け美容

ピンチのときでも諦めない！ 知っておけば安心のレスキュー

CASE 3

徹夜明け、
髪を洗えず出社。
でも、人間の尊厳は
最低限守りたい……！

ANSWER

徹夜明けの髪には
油分を足す

まず髪のフケは油分で抑えられます。ワセリンやオイル、なければ最悪ハンドクリームでも0K。頭皮に直接つけ、フケが飛ばないようにしましょう。また、パサつきが気になるようであれば髪は結んでしまうのが吉。頭皮のニオイは34ページのハンドサニタイザーで解決して！

レスキュー隊！ 最低限これだけは……編

知識をお届けします。

CASE 4

ジムにヨガ、突然の銭湯。最低限持っておくべきものは何？

ANSWER

外出先では保湿を最優先する

「帰宅するまでの間、とりあえず乾燥させない」が目標です。まずは髪にも体にも使える石けんや全身シャンプー。加えて万能アイテムのワセリンや全身に使えるオイルさえあれば、最低限の荷物で済みます。目元や口元は特に乾燥しやすいので重点的に保湿しましょう。

PART 3

残りのHP

60%

今日はちゃんとしよう！と意気込める日の美容法

力尽きた体をいたわりたい！
明日のために疲れを残したくない！
そんなときのための美容法をご紹介します。

逆に毎日じゃない
ほうがいい！

週に2〜3回のW洗顔で汚れをしっかり落とす

古い角質や皮脂が残ってしまうと顔色が悪く見える原因になり、
化粧水の浸透も悪くなってしまうことをご存じですか？
いつもより体力に余裕のある今夜は正しいW洗顔で肌をリセット！

クレンジングは内側を意識して汚れを浮かせる

クレンジングで重要なのはメイクをしっかり落としきること。メイクがのっている顔の“内側”を意識して行うのがポイントです。特にファンデーションが入り込みやすい小鼻や唇の上、皮膚の薄い目元部分などは優しく入念に。

洗顔は泡立てが勝負！ツノが立つ硬めの泡に

汚れにしっかり吸着させるためにツノが立つくらいの硬めの泡を立てましょう。お湯が多いとゆるい泡になってしまうのでお湯の量は少量に。洗顔料はストレスなく泡立てられるのびのいいタイプがおすすめです。

洗顔は外側を意識明日のメイクの土台を作る

洗顔は皮脂汚れや古い角質を落とすことが目的。角質が残ると顔色が悪く見えてしまうため、しっかり顔の“外側”まで意識して全体を洗っていくのがポイントです。力が入りにくい中指と薬指を使い優しく洗いましょう。

フェイスラインの
ぼやけは……

クレンジング中の“ながら”マッサージで解消せよ！

ふと、鏡を見たら驚愕……。なんだかあごがたるんでる！
そんなときは“ながら”でシャープなラインを手に入れましょう。
クレンジング中にマッサージも済ませられて一石二鳥。

チョキを曲げてグリグリする

まずは手をチョキの形にして曲げ、あごにセット。そのままこめかみに向かってグリグリと押し上げます。洗顔時に行うとだんだん泡がしぼんで滑りが悪くなり、また、濡れている状態で行うと肌を傷つけてしまう危険があるのでNG。のびのいいクレンジング剤をつけながらするのがおすすめのマッサージ法です。

中指&薬指でクルクルする

中指と薬指の腹を使い、あごからこめかみに向かって円を描くように押し上げていきます。中指と薬指は力の入りにくい指。肌に負荷がかからないように優しくクルクルとマッサージしていきましょう。爪で肌を傷つけないように注意してください。

わざわざはできないけれど、
“ながら”ならハードルも下がる!

美容液選びの
基本は

美容成分は「美白」と「保湿」がまちがいない！

HP残り60％の夜は、美容液をつけられる余裕だってあるはず。
でも、たくさんある美容液。どう選ぶのが正解でしょうか？
キーワードは「美白」と「保湿」。成分先行でチェックしてみて。

美白と保湿成分が入っていればいい

シミ・くすみ・キメは美白。シワ・たるみ・メイクのり・毛穴は保湿。じつは「美白」と「保湿」がほとんどの悩みの解決の鍵を握っています。肌との相性もありますが、美白と保湿の成分をチェックするのが美容液選びのひとつの基準といえます。また、化粧水など他のアイテムでも同じ成分のものばかり選んで重ね使いするのはあまり意味がありません。ライン使いにこだわらず、目的に合った成分を見極めてチョイスするといいと思います。

〈美白〉

- ビタミンC誘導体
- トラネキサム酸
- アルブチン
- コウジ酸
- ユキノシタ
- ハイドロキノン

〈保湿〉

- プロテオグリカン
- セラミド
- ライスパワー®エキスNo.11
- アミノ酸
- PCA-Na
- ヘパリン類似物質
- ヒアルロン酸
- コラーゲン

TIPS

単品を選ぶのも正解！

「たくさんの成分＝肌にいい」というわけではないため、ひとつの成分に絞ったアイテムを選ぶのも正解。混じり気がないので合う方にはダイレクトに応えてくれますが、そのぶん強すぎて刺激に感じる方も多いので、相性は見極めて。

美容を食から
変えたい人は

朝のお茶習慣で体の内側からきれいを作る

ついついコーヒーや紅茶を飲みがちな朝の1杯目を
お茶に置き換えるだけで体の内側からアプローチ。
水割り美容ドリンクも習慣にすれば血の巡りをよくしてくれます。

食からのスキンケアでビタミンを摂ろう

余裕が出てきたら美容のために食を見直してみませんか？　緑茶にレモンを入れた緑茶レモンはお肌にいいビタミンCたっぷり。煎茶にしょうが（チューブでOK）を入れるのも手軽にできて血行がよくなります。もうひとつおすすめしたいのは美容ドリンクの水割り。ドリンク1本に対して好みの量の水を入れます。水筒などに入れ、1日かけてたっぷり飲むことで水分不足を解消され、お通じも改善。血の巡りがよくなっていきます。

満腹感も出る水割り美容ドリンクは
ダイエットにもぴったり。

目元のシワが
気になったら

ピアノタッチで眼輪筋を鍛えよう！

アイクリームなど多数のアイケア製品が登場していますが、
じつは、ただ塗っているだけではあまり意味がありません。
目は優しく刺激してなんぼ、動かしてなんぼです！

ポンポン刺激してクリームで保湿

ティッシュほどの厚みしかない目の周りの筋肉「眼輪筋」。この部分が衰えてしまうとクマやシワの原因になったり、まぶたがたるんで目が小さくなってしまったりと悲しい事態になりかねません。これを防ぐためにはピアノタッチの目元マッサージが有効です。こっくり系の保湿クリームを目元にたっぷり塗ったら、指でポンポンポンと優しく刺激していきましょう。少しの刺激を加えるだけでも眼輪筋が鍛えられるのです。

TIPS

薄目でいろんな方向を見てみる

もうひとつ眼輪筋を鍛えるための方法は薄目でいろいろな方向を見つめること。「たったそれだけ？」と思った方、目を薄目にするだけでけっこう力が入るものです。薄目の状態で右・左・上・下と順に見てみると心地よい疲労感が得られます。

もっと目元を
いたわりたいときは

コットン化粧水で
たぷたぷに
目元を浸す

隠せない目元の老化は下手すればシミやくすみよりも深刻。
10年後、「目が小さくなっちゃった……」を避けるためにも
時間のあるときは普段のケアに目元ケアをプラスしましょう。

癒やしと保湿の集中パックを！

例えば喋らない仕事だと１日経っても口元は疲れないかもしれませんが、目だけは全員が使う部分なので平等に疲れます。しかし、毎日酷使している割にはケアがされていない部分、そして年齢が出やすい部分でもあります。だからこそ時間のあるときは、目元の集中ケアを。化粧水をしみ込ませたコットンを目に置き放置。しっかり保湿していたわりましょう。放っておくと目は小さくなっていき、その影響で顔も大きく見えてしまいます。

化粧水はこっくりしたタイプがおすすめ。
少しいたわるだけでもすぐ結果が出てきます。

時間がある日に
やってみよう

部屋を暗くして鏡をじっくり見てみる

よく見るとわかる"肌のアラ"から目を背けないこと——。
じつはこれも立派な美容法のひとつです。
普段鏡を見て無意識にかわいい角度を探しがちな自分に喝を。

恐怖！ よく見て現実と向き合う

人間、鏡を見るときは自分をよく見せようとして無意識に目に力を入れます。そして都合の悪いものからは目をそらす……。ダメです、今日はそこをグッとこらえ、鏡をよ〜く見てみましょう。正面だけではなく横からも下からも。「うわ、頬肉やば……」「このシミいつできたの!?」と自分の顔に発見が多いはずです。時には光がない場所や、逆に明るい自然光で“本当の自分の姿”を確認して、ケアをがんばる活力を養いましょう。

夜、電車の窓に映る顔があなたの本当の顔。
現実を受け止めて明日からまたがんばろう！

☞ 久々ゆっくりお風呂のスペ

1

てっぺんで髪を結んで簡単リフトアップ

髪が長い方はお風呂に入っている間、髪をてっぺん付近でしばっておくだけでリフトアップ効果が期待できます。もし、ゴムがきつく感じられるようでしたらシュシュなどやわらかいヘアアクセでももちろんOK。ポイントは可能な限り頭のてっぺん付近で髪を結ぶことです。髪を上で結ぶことで、頭皮が引っ張られ、顔もきゅっと上がります。さらに毛根も刺激され、発毛促進にも効果的です。髪も健康的に育って一石二鳥です。

シャルケア

いつもより少し余裕のある今夜、自分をいたわれる体力がまだ私に残っている！　そんな日はゆっくりとお風呂に入り、酷使した体をねぎらってあげましょう。

2

トリートメントはホットタオルで浸透

いつもはささっと終わらせてしまうシャンプー＆トリートメントですが、ゆっくり入れる今夜はトリートメント成分を存分に浸透させてみてはいかが？　トリートメント後、熱めのお湯に浸したホットタオルを作ったらそのまま髪の上にのせましょう。熱のおかげでどんどんトリートメント成分が浸透していきます。左ページで紹介したリフトアップ法と組み合わせ、髪をてっぺんで結んでからホットタオルで覆ってあげるとさらに効果的。

3

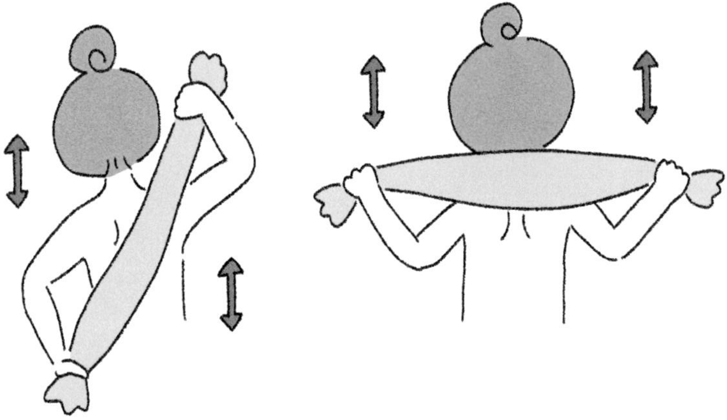

背中タオルで広背筋を伸ばそう

時間があるときだからこそ、普段なかなか伸ばせない部分をストレッチでほぐし、溜まった疲れを取りましょう。まずはフェイスタオルを背幅に開いて持ち、タオルを背中側に回します。そのまま手を上に伸ばしたまま左右に曲げたり、ななめにしてみたり。タオルを上下させましょう。背中にある大きな筋肉「広背筋」が伸びて気持ちがいいはずです。背中を洗うついでにチャレンジしてみてもいいかもしれません。

デトックスを促すクロスマッサージ

④

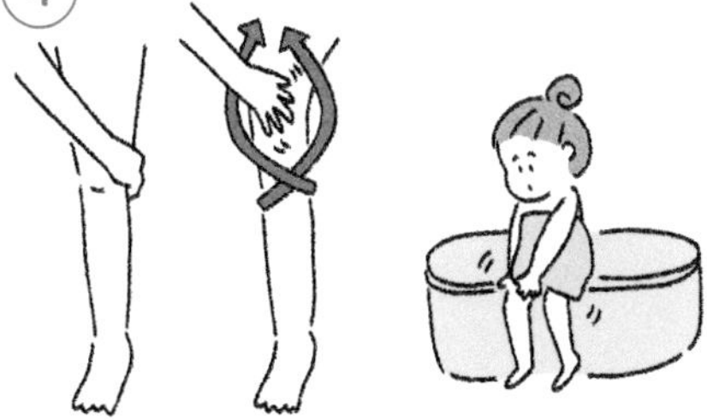

ひざからももの付け根に向かって、片手ずつクロスするようにマッサージ。ポイントは、Cを交互に描くことです。指に少し力を加えながら左右から半円を描きクロスさせましょう。デトックス効果はもちろん、ももを揉みほぐすことによってリンパの流れがよくなります。手の温かさで筋肉がほぐれ、痩せやすくなる効果も。お風呂場で行えば、太もも痩せも夢じゃない！

湯船の中では足を上げる

パンパンにむくんだ足、揉みほぐすくらいしか対処法はないと思っていませんか？　そんな方は騙されたと思って湯船のへりに足をかけて3〜5分上げてみましょう。足は、重力に逆らって心臓まで血流を戻さなくてはならず、どうしてもむくみやすくなる部分。血流がよくなるお風呂で足を上げることで血を物理的に心臓へ戻してあげるというわけ。むくみ改善効果が期待でき、巡りをよくします。ただしやりすぎてのぼせないように注意！

⑤

久々のお風呂時間だからこそ、
普段できないことをやってみましょう！

60%メイク

メイク上手に見える上品

＼使ったアイテムはこちら／

今日は落とせる日!!
どんどん盛っちゃおう

今日はメイクに時間をかけられそう！　そんな日は、各々のパーツへのちょっとしたひと手間が肝となります。ベースはCCクリームにパウダーを塗り重ね、“美肌見え”を実現。アイメイクもグラデーションできらびやかに。リップは縁取り、チークはW使い……。「今夜はしっかりクレンジングができる」という保険があれば、とことんメイクを楽しめます。

① CCクリーム
② パウダー（ルーセントパウダーがおすすめ）
③ ラメ入りのベージュ系アイシャドウ（濃いものと薄いもので塗り重ね）
④ 血色感のあるクリームチーク
⑤ ピンクベージュ系パウダーチーク
⑥ 大きめのブラシ
⑦ 濃いめのリップ

マットメイク

崩れにくく、化粧している実感も満載。手間をかけてきれいな自分に出会いましょう。

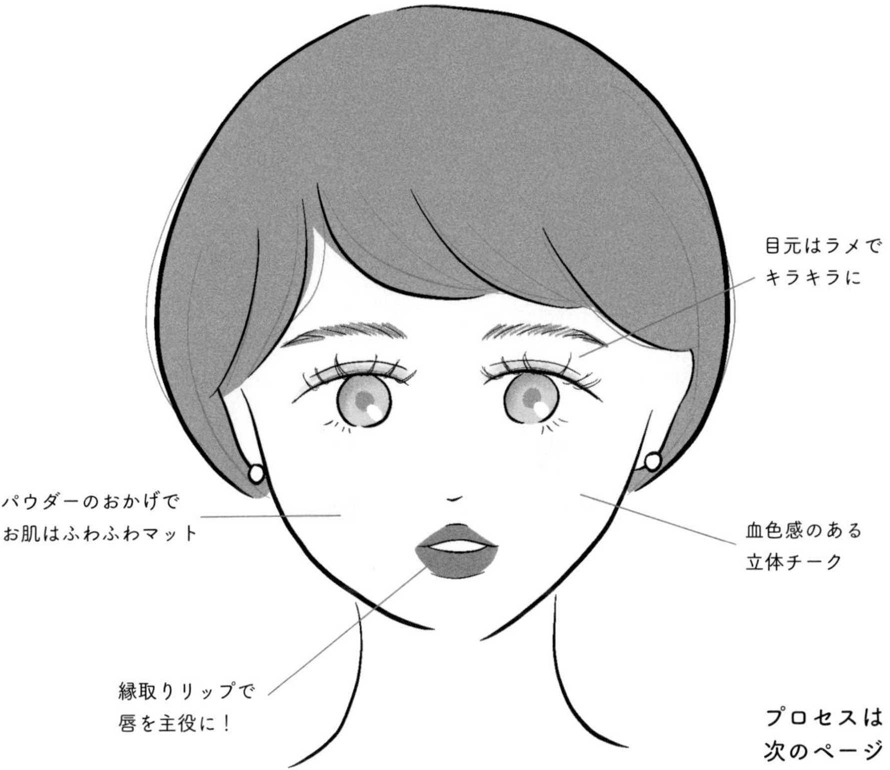

プロセスは
次のページ
→

60%メイク HOW TO MAKE POINT

ベースメイク ―クリーム＋パウダーでマット感重視―

クリームにパウダーを重ねて作るマット肌。パウダーでコーティングすることで崩れ防止にもなります。おすすめは肌をきれいに見せてくれるCCクリーム。また、ラメ入りのルーセントパウダーを使うと自然なツヤが。

POINT

付属のパフを使うと粉がつきすぎてしまうので、60ページでも登場した大きめのブラシを使って薄く均等につけて！

目元 ―シャドウやラメのグラデーションで遊ぶ―

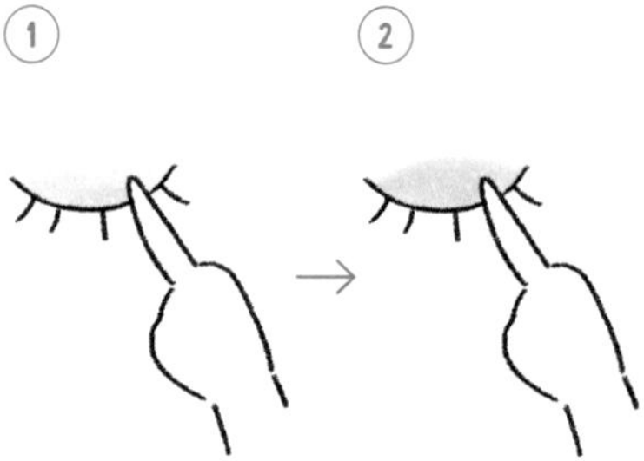

メイク上手に見せるため目元にきらめきを加えるのはいかが？　ラメはラメでもベージュ系やブラウン系ならチャレンジもしやすく、顔にもなじみます。アイホール全体へ薄いものを塗った上に濃いものを重ねるのが基本。

POINT

①アイホール全体に細かめのラメを塗ります。②目のキワに大きめのラメをのせ、グラデーションになるよう指でぼかします。

口元 ―濃いめのリップで作る立体リップ―

① ②

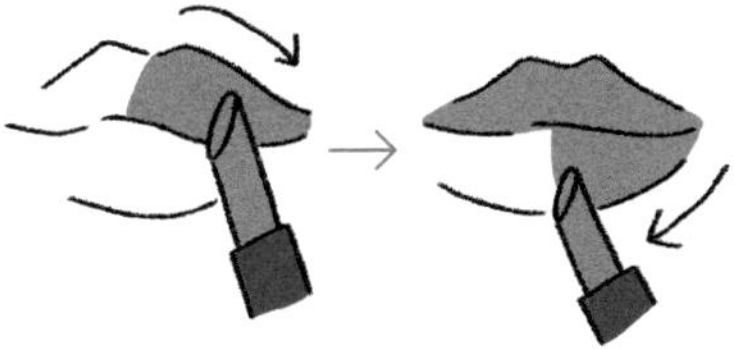

丁寧にリップを縁取り、ぷくっとした唇を作りましょう。唇の外枠を意識して上下のラインを取ったら、中は塗り絵のように塗りつぶしていけば0K。ラインテクひとつで立体感が出るのだからリップってふしぎ！

POINT

①上唇は唇の山から下ろすように描きます。②下唇は端から中央へ下ろすように描きます。これでリップの縁取りが完成！

チーク ―クリームチークとパウダーチークのW使い―

① ②

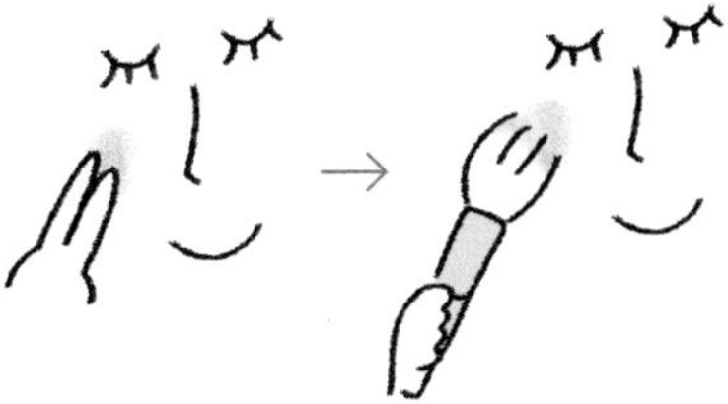

血色感のあるクリームチークを先に仕込み、その後パウダーチークを塗ってなじませます。質感の違うチークをWで使うと立体的になるだけではなく、落ちにくく、一日中しっかり赤味を残してくれます。

POINT

①クリームチークを頬に指先でじんわり塗ります。②大きめのブラシを使い、ピンクベージュ系パウダーチークをかぶせます。

「あっ汗臭いかも……」
と感じたら

ニオイが気になる部分に冷えたペットボトルを当てる！

「あっ……、私臭うかも！」そんな緊急事態にも対応可能！
瞬時に汗のニオイをなくす方法があります。
冷たいペットボトルの存在に感謝！

クールダウンさせて汗を出させない

汗をかいた後直面するのが嫌な汗臭さ。そんなときはニオイを消し去ろうと対処するのではなく、そもそもの"ニオイの元となる汗"を出さないようにすることが先決です。応急処置的ですが、冷たいペットボトルを臭いが気になる部分に直接当てましょう。「やばいかも！」と思ったらペットボトルを買ってトイレに駆け込みクールダウン。ワキの下やひざの裏、首元などピンポイントで冷やすと汗を引かせることができます。

TIPS

ミントスプレーを吹きかけて爽快！

汗を引かせることも大切ですが、汗だくのピンチのなか、自分自身がスッキリした気分を感じることも大切。ポーチに小さなボトルのミントスプレーを忍ばせておけば、さりげなくシュッとひと吹きするだけで爽快感を味わえます。

Column 3

一発逆転 がけっぷちお助け美容

本当の本当のがけっぷち。ギリギリの状況を切り抜ける美容法

CASE 5

ふとしたうたた寝……起きてびっくり顔についた跡が取れません！

ANSWER

顔についた跡は温めて血の巡りをよくして解決

なかなか消えない顔についた跡。じつはこれ、皮膚が寄ってシワになってしまっている状態です。一時的にできたシワですが、温めることによって皮膚を元の位置に戻すことができます。ホットタオルを用意し、跡に数分当て続けましょう。しばらくすると元通りに。

レスキュー隊！ ギリギリ編

はまだまだあります。

CASE 6

大切な日なのにリップ忘れた！道具いらずに“限界美容法”

ANSWER

リップがないときは唇をたたく、押す、すぼめて動かせ！

リップがなくとも血色のいい唇は作れる！　少々無理やりですが、唇をたたいたり押したり、傷つけない程度に刺激すると血行が促進され健康的な赤色に。また、タコの口のように唇をすぼめて動かすのも、唇の血行をよくすることができます。これぞ限界美容！

番外編

残りのHP

80%以上!

週末スペシャル！
ゆっくり自分をいたわる
美容法

気持ち的にも体力的にも余裕がある日は
もっときれいな自分になる絶好のチャンス。
じっくり美容に没頭してみましょう。

☞ 週末スペシャルスキンケア

待ちに待った週末やお休みの日こそ、肌をいわたる大チャンス。
溜まった肌の汚れや肌悩みをじっくり解消していきましょう！

スキンケアは悩み別で使い分ける

スキンケアのラインナップ、毎日同じものをずっと使い続けていませんか？　じつは、洗顔や化粧水、保湿の方法などはそのときの肌悩みによって使い分けたほうがいいのです。使い分けると言われるとちょっと大変な感じがしますが、基本ケアはシンプル（例えば化粧水＋保湿）でOK。化粧水を多めにしたり、乾燥が気になる場合は保湿クリームを２度づけしたりとそのときの肌の状況によってアプローチを変えることが大切です。

INDEX

1 角質オフ

なんだか顔色も悪いしファンデのりも悪い……。
それは古い角質が溜まっている証拠！

スクラブ系クレンジングでスッキリ落とそう

「化粧水をつけても全然入っていかない気がする……」そんなときは古い角質が溜まっているサインです。特効薬はスクラブ系や吸着系のクレンジング剤。これらを使いマッサージするように丁寧に落としてあげるだけで積み重なった角質が取れ、肌がつるん。化粧水がぐんぐん入っていきやすい状態を作ります。ざらつきやくすみを優しくオフしましょう。

栄養過多レベルでうるおいをオン

スクラブ系クレンジングで角質をオフし、まっさらな状態になった肌。角質が重なり、これまで思うように栄養が入っていかなかったぶん、過多レベルでうるおいを与えちゃいましょう。化粧水はもちろん、セラムに美容液とフルライン総出動がおすすめ！ 仕上げにはちょっとリッチな保湿クリームでふたをしてあげると、忙しいときも耐えられる強い肌に。

2 ニキビ肌ケア

ニキビができたら必ず皮膚科へ行く

“触らないこと”、そして“皮膚科に行き、ニキビ用の薬をもらうこと”——これがニキビへの基本アプローチ。うっかり触ると治りが遅くなり色素沈着の原因にも……。つぶすなんてとんでもありません。また、汚い枕カバーで寝ていないか、油分が多すぎる食事をしていないかなど、生活を振り返ることも大切。衛生を保つ視点からはニキビパッチもおすすめです。

刺激せず優しく洗うのが基本

ニキビは油分過多になってできることが多いため、オイル系のクレンジングはおすすめできません。クレンジングをする場合はオイルフリーのものや水分を多く含んだタイプを使用するのがベター。そして、クレンジングよりは洗顔料の泡で優しく包み込み、清潔にすることを優先させてください。とにかく余分な油を与えすぎないようにしましょう。

年を重ねるごとに、疲れがダイレクトにニキビとなって現れやすくなる今日このごろ。正しい大人のニキビ肌ケアって？

仕上げはオールインワンでふたをする

肌の水分・油分のバランスを正常に戻すために「水分を補うケア」を心がけるのが、ニキビ肌・脱出の鍵。化粧水はとろみ系より水分が多いものを、コットンでパックをするなどしてより深く浸透させます。そして、大切なのは仕上げ。水分多めのオールインワンをたっぷり塗ってふたをすることによって、失われた水分を補給します。プチプラでも優秀にできているオールインワンは多く、仕上げのクリーム代わりに使っても問題ありません。

3 鼻の黒ずみケア

温・冷を繰り返し 毛穴を開かせる

鼻の黒ずみは蒸して浮かして取る。これに限ります。お風呂で湯船に浸かるだけでも蒸すことは可能。蒸しパックやホットタオルを使ってもOKです。その後は氷水や冷たいタオルなどで冷やしましょう。毛穴の収縮運動を促すことで鼻の黒ずみ汚れが外に出やすくなります。お湯を沸かしている最中にやかんから出る湯気に当たり、その後コットンで汚れを取っても。

硬い泡を使って 汚れを押し出す

「鼻の黒ずみの本気ケアは洗顔が分かれ道になる」といっても過言ではないくらい、洗顔は大切。ツノが立つぐらい硬めの泡を泡立てネットで作り、優しく汚れを押し出すように洗いましょう。ゴシゴシとこするのではなく、泡で汚れを浮き上がらせるイメージです。よりしっかり落としたい場合は泡を鼻の上にのせ、しばらく放置させてもいいでしょう。

いちご鼻ともいわれる鼻の黒ずみは放っておくと厄介な存在に。
メイクで隠しきれないところまでいかないうちにケアを徹底して！

鼻上コットンでシンプルケア

鼻の黒ずみの主な原因は皮脂の酸化。鼻は全体的に油分過多になっていることが多いので、ケアでは水分をたくさん入れてあげることが大切です。コットンに化粧水をたぷたぷにしみ込ませ、鼻の上に置いて数分放置するとしっかり浸透していきます。仕上げにふたをするのも油分が多いものではなく、水分多めのシンプルな乳液やクリームがおすすめ。

NO!　毛穴パック肌がケガと勘違い!?

中の角栓を無理やり出す毛穴パックは、正直いって危険そのもの。今すぐやめてください。角栓を無理に引っ張り出そうとすると毛穴はケガだと勘違いし、「肌を守ろう」と毛穴をもっと広げようとするのです。結果毛穴は想像以上に広がり、肌の負担も大きくなり……。今、いちご鼻で悩んでいる人は毛穴パックをたくさんやってきてしまった代償かも。

4 乾燥肌ケア

乾燥しやすい目元・口元はW使い

乾燥肌の人が注意すべき部分は、目元と口元。目元・口元は特に乾燥しやすい部分なので他より余分に水分を与えてあげる必要があります。ひと通りのスキンケアを終えたら、目元や口元にだけ二重につけてあげるぐらい、たっぷりと塗布しましょう。少しこっくり系の化粧水を使うと保湿感がアップ。ベタベタするくらいが乾燥肌にはちょうどいいのです。

パッティングよりもホールディングで浸透

乾燥肌の人はパッティングNG！　手でペチペチとたたくことが刺激になり乾燥が進行していまいます。よく化粧水はたたき込めといわれますが、じつはホールディングのほうが効果大。手のひらを肌に置いたらしばらくそのままで放置。じんわり手の熱によって成分を浸透させていきます。乾燥肌こそ、ホールディングを重要視してみましょう。

乾燥肌は、乾燥を防止する努力と水分たっぷりのスキンケアが命。
水分・うるおいを閉じ込める意識で乾燥肌を攻略していきましょう。

風呂場での乾燥を防ぐ ぜいたくパック

湿気空間であるお風呂にいる間も、肌の乾燥は進行中！　無防備なお風呂場での乾燥を防ぐために、流れても惜しくないようなオールインワンを塗る——時間に余裕がある日はこんなぜいたくパックを試してみてはいかがでしょうか？　お風呂を上がったら洗い流して、その後はいつも通りのスキンケアを。ちょっとした乾燥を防ぐのが大事なのです。

塗り終わったら ホットタオルで浸透

砂漠状態の乾燥肌へさらに水分を浸透させるには、もうひと工夫が必要。自宅でも簡単にできておすすめなのがホットタオル浸透です。温かいホットタオルを用意し、ひと通りスキンケアが終わった後、顔に置いて放置。熱の力で水分や美容成分をぐんぐん浸透させていきます。リラックスして横になって行えば、おうちで簡単にエステ気分も味わえます。

1週間分の
老廃物を流す

デコルテから
集める！
X線マッサージ

老廃物が溜まると血行が悪くなり、さまざまな不調の原因に。
時間のある今夜こそ、なでるだけで簡単なX線マッサージを。
デコルテもきれいになり、一石二鳥です。

老廃物を体の中心に集める

老廃物が溜まると腸内環境が崩れたり、肌トラブルにつながったり、冷えやむくみの原因になったりとさまざまな不調が現れます。だからこそ余裕のある日は、上半身だけでも溜まった老廃物を流しておきましょう。やり方は簡単。肩から体の中心に向かって手のひらでXを描くようになでます。リンパ管を老廃物が流れ、尿と一緒に外に出ていきます。同時に、なでることでデコルテのマッサージにもなるので一石二鳥。

もちろん、お風呂場でやってもOk!
溜まった老廃物を流しましょう。

たまには顔と
同レベルのケアを！

年齢の出やすい関節部分をたっぷりいたわる

ノーマークな部分こそ、年齢がダイレクトに現れる危険な箇所。
いつも時間をかけられないぶん、
ここぞというときのしっかりケアで巻き返しを図りましょう。

いつも触らない ひざ上を触る

じつは角質が溜まりやすいひざですが、普段はなかなか手が回らない部分。もちろん専用クリームを使って直接ひざをマッサージするのもありですが、まずは手始めに顔のスキンケアを終えたその手をひざに置いてみてください。顔と同等のケア成分をひざに浸透・保湿。これだけでもしっかり効果はあります。

指の関節を 1本ずつさわる

エステのハンドマッサージでは関節を触りながらマッサージをしていきます。時間があるときこそ、これを自宅で再現！丁寧に１本ずつ触ってあげると、気持ちよく、手の美しさもアップします。こっくりしたハンドクリームをつけ、縦・横・指先を意識しながら関節を立体的に触るのがコツです。

同時に手の甲やかかとなども一緒にケア。
年齢対策を一気に済ませましょう!

お風呂で
簡単にできる！

シャンプー容器の上げ下げで簡単筋トレをしよう！

ジムに行かなくたって、家にあるもので筋トレはできます。
シャンプー容器を使った簡単エクササイズで
運動不足の解消＆全身の血行促進を！

下・横・上へ動かし血行を促進！

シャンプーやトリートメントの容器って中身が入っていると意外と重いですよね？　じつはこれを上げ下げするだけでも十分な運動になるのです。容器を持ったら腕は曲げず、まっすぐに伸ばしたまま、下・横・上へ動かしていきます。やっているとだんだん体がポカポカしてくるはずです。肩の血行がよくなると顔の血行もよくなるという嬉しい連鎖も。もちろん、シャンプー容器ではなく、ペットボトルなどでも代用可能です。

じんわり汗をかくくらいの運動、
最後にやったのはいつですか？

週末スペシャル
マッサージ

頭のハチ上を押し上げるだけでリラックス

はち巻きを締める部分である「ハチ」。この付近にはツボがあり、
上へ押し上げるだけでリラックスすることができます。
寝る前に行うと、心地よく眠りにつけるでしょう。

押して「痛い！」と感じたらストレスあり!?

「なんだか頭がスッキリしない……」というときにこそ実践したいのがハチ上マッサージ。ハチ上付近には大きなツボがあるため、グーッと指先で上に持ち上げるだけで即効リラックス。頭蓋骨を上げるイメージで行いましょう。頭がスッキリする感覚になりますが、「痛い！」と強く感じる人は疲れていたり、頭を使いすぎたりしているサイン。ストレスチェックのバロメーターにもなるため、定期的にやるのがおすすめです。

TIPS

トリートメント中コームでとかして

髪にトリートメントを浸透させ、うるツヤの指通りに。また、髪の分け目を大きく変えることで、髪が違う方向に流れて少し引っ張られ、血流がよくなります。トリートメントをつけながら手で行ってもいいですし、ブラシで行うのも効果的です。

80%メイク

特別な週末のためのゴー

＼使ったアイテムはこちら／

色や光の塗り重ね、テーマを決めて楽しむ

時間もたっぷりある余力80％メイクは工程に手間をかけることはもちろん、よりこなれ感を出すためには？ を研究する大チャンス。今までCCやBBクリームに任せきりだったところを下地＋ファンデーションでツヤのある肌にしてみたり。新作を買わなくとも、リップの塗り重ねによる変化を楽しんでみたりするなど探求の幅は無限です。テーマを決めてどんどん楽しんでいきましょう。

① 下地がおすすめだけど、BB・CCクリームでもOK
② ファンデーション（クリームでもパウダーでもお好みで）
③ ハイライト
④ アイライナー（慣れていない人はペンシルがおすすめ）
⑤ パウダーアイブロウ（明るい色を使う）
⑥ 濃いめのアイシャドウ
⑦ ピンクベージュ系リップ
⑧ 濃いめのリップなどのお好みリップ

ジャスメイク

いつもと違う華やかな雰囲気を楽しむのも
メイクの醍醐味。メイクは自由なんです！

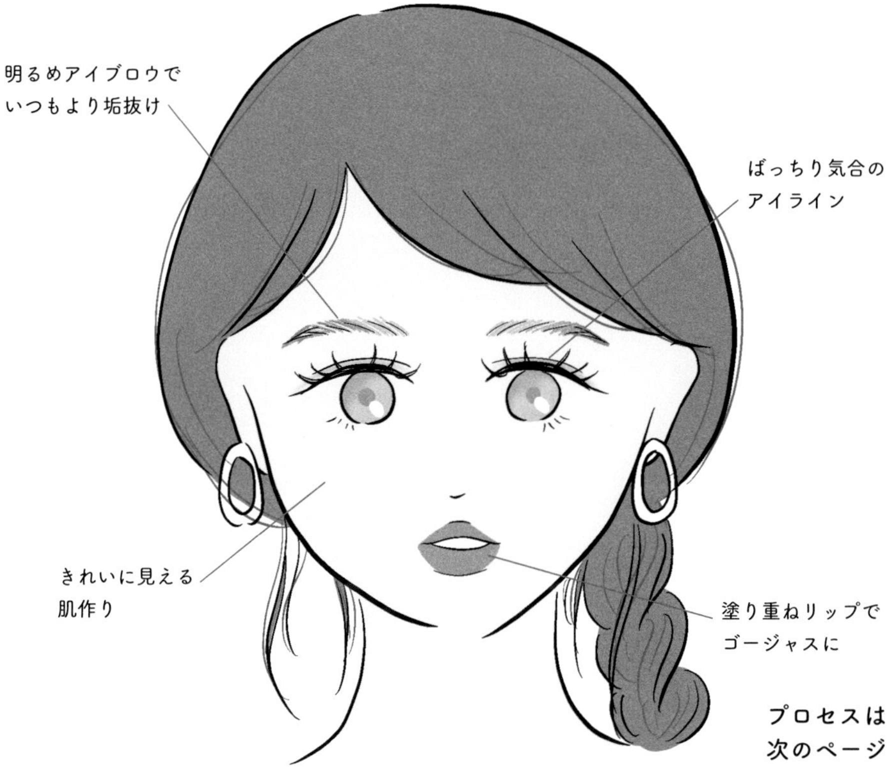

プロセスは
次のページ
→

80%メイク HOW TO MAKE POINT

ベースメイク ―ファンデーションをきれいに見せる塗り重ね―

じつはファンデーションだけのせてもきれいに見えず、丁寧な塗り重ねによって美肌は実現します。プロのヘアメイクさんのように何層も塗り重ねるのは難しくても、下地を丁寧につけるだけできれいな肌が作れます。

POINT

①下地は全体にまんべんなく。②ムラなくファンデーションを塗れるのはスポンジ。小回りが利くのは指先塗り。お好みで！

ハイライト ―顔の陰影を研究しよう―

一見ハードルが高そうに見えるハイライトですが、「顔の高い部分に塗る」を実践すれば簡単。つける位置の基本はおでこに鼻筋、頬の高い部分が基本です。光が反射することで自然な凹凸感ができ、メリハリが利きます。

POINT

①おでこ・鼻筋・頬の高いところにハイライトをつけます。②ファンデがヨレないように優しく指でトントンとのせます。

口元 ―塗り重ねにはベージュ系リップがマスト―

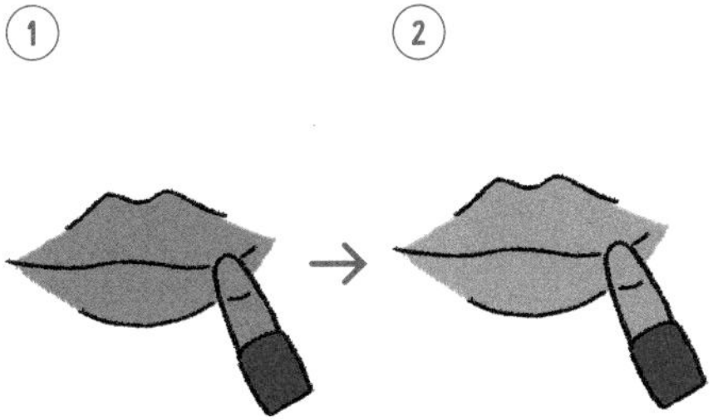

肌がきっちりできあがっているからこそ、今日はリップに主張があってもおかしくない。濃い色を先に塗り、ベージュ系リップで緩和すると後からでも調整がしやすいです。同じメーカーのリップを使えば相性も心配なし。

POINT

①濃いめリップを先に塗ります。②上にピンクベージュ系リップを重ねます。中央だけ塗り重ねるなど応用にも挑戦してみて！

目元 ―いつもと違う目元を作るアイライン&アイブロウ―

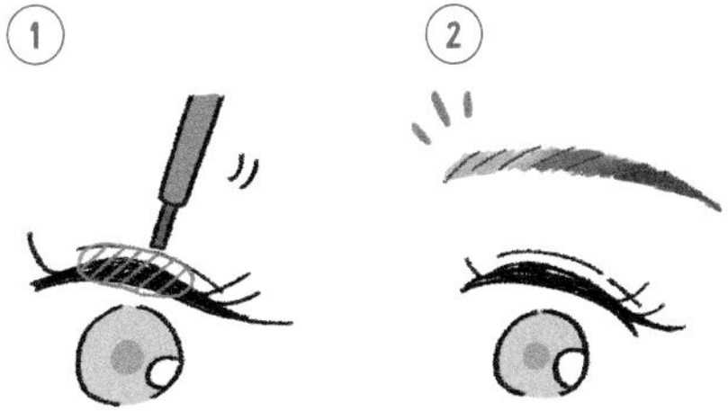

アイラインは一気に引かず、目頭から黒目上でいったん止め、徐々に進めるのがポイント。失敗しても濃いめのシャドウで隠せばOKです。眉頭にはいつもより1トーン明るいパウダーアイブロウをのせると垢抜けます。

POINT

①黒目の上はアイライナーで2度塗り。目ヂカラをアップさせます。②眉頭にだけ明るいパウダーをオンすると立体感が出ます。

いつもより
リラックスするために

ふわっと香る
香水のつけ方
香りの楽しみ方

いつもよりゆったりとしたおうち時間を過ごすために、
嗅覚を研ぎ澄ませてみませんか？
HP80％以上のあなたは、香りを楽しむ余裕がたっぷりあるはず。

髪につければ動くたび香る

みなさん普段香水をどこにつけますか？　手首や首元につける方が多いかもしれませんが、意外にもおすすめなのが髪にシュッとひと吹きすること。強すぎず、さりげなく香るため、香水が苦手という方にもおすすめ。動くたびにやわらかく香るので出がけにつけてもいいと思います。

アロマは寝具へひと吹きする

1日の終わり、睡眠の時間をリラックスタイムにするための香りの工夫はいたって簡単。お気に入りのアロマを枕や布団にひと吹きするだけです。体に直接はつけずとも、寝具からアロマが香れば、ぐっすり眠ることができます。また好きな香水をつけて寝ても0K。鼻に近い耳元につけると自然に香ります。

お気に入りの香りを纏えば
気分もやすらぎます。

明日の美しさを
作るために！

あしかのポーズと菩薩のポーズで体をストレッチ

時間があるときは、本格的な体のストレッチにチャレンジ！
あしかのポーズも菩薩のポーズもあぐらをかいて行いますが、
椅子に座りながらやってもOKです。

ストレッチをしつつ顔のリフトアップにも

顔を前に突き出して伸びる“あしかのポーズ”は、両手を後ろに組んで体を引っ張ります。肩甲骨をくっつけるイメージで伸びると広背筋が締めつけられ、気持ちがいい！　また、デコルテ付近も適度に伸びつつ、上を向くことでリフトアップも期待できるのでストレッチ以上の美容効果を得られます。

胸前で手を合わせデコルテを美しく

“菩薩のポーズ”は手を胸の前で合わせ、力を入れます。大事なのは、呼吸を意識すること。ゆっくりと深呼吸しながら手を合わせ、肩は自然に落としましょう。姿勢がよくなったり、呼吸もしやすくなったり、自律神経が整ったり……。毎日行うことで得られる効果は多岐にわたります。

体が伸びるって、気持ちがいい！
その感覚を忘れないで。

Index

田中 愛（たなか・あい）

美容家。化粧品会社勤務を経て青森県八戸市に株式会社ビナーレを設立。美容に関する講演活動や雑誌・テレビ出演など多岐にわたって活動中。オリジナル化粧品の開発をはじめ、美容関連グッズなどのプロデュースなども行う。3児の母。著書に『田中愛の顔筋体操』（新星出版社）がある。

STAFF

デザイン　吉村 亮、石井志歩(Yoshi-des.)
カバーイラスト　岡村優太
本文イラスト　kasane
編集・文　宮本香菜

※本書籍内に掲載されている情報は2020年5月現在のものです。

力《ちから》尽《つ》き美《び》容《よう》

2020年6月30日　初版第1刷発行

著者　田中愛
発行者　田邉浩司
発行所　株式会社　光文社
〒112－8011　東京都文京区音羽1-16-6
電話　編集部 03-5395-8172
書籍販売部 03-5395-8116
業務部 03-5395-8125
メール　non@kobunsha.com

落丁本・乱丁本は業務部へご連絡くだされば、お取り替えいたします。

組版　堀内印刷
印刷所　堀内印刷
製本所　ナショナル製本

ISBN978-4-334-95180-1　Printed in Japan